Reise ins Licht

Erst Ausgabe U.S.A. - Into the Light 2008
Erst Ausgabe Deutschland - Reise ins Licht 2009
Kalifornien, U.S.A.

Verlag
www.RuthHenrichGroup.com

Bestellungen
online unter :

www.RuthHenrichGroup.com
contact@RuthHenrichGroup.com

Einband und Kunstwerke
von
Art e ffects™   Visionary Art   Ruth Hildegard Henrich
© copyright 1974-2008 Ruth Hildegard Henrich

Liste der Kunstwerke unter Appendix A
Originale und limitierte Kunstdrucke
über
www.RuthHenrichGroup.com

© 2008-2009 Ruth Hildegard Henrich. Alle Rechte vorbehalten.
No part of this book may be reproduced, stored in a retrieval system, or transmitted by any means without the written permission of the author except in the case of brief quotations embodied in critical articles and reviews. For information, contact publisher www.RuthHenrichGroup.com.

Original Erstausgabe U.S.A.
Ruth Henrich Group
October 22, 2008

ISBN der Amerikanischen Ausgabe USA: 978-0-615-26232-1
ISBN der Deutschen Ausgabe: 978-0-578-02167-6

Printed in the United States

1. Self Improvement 2. Inspiration 3. Psychologie 4. Gesundheit & Wissenschaft 5. Kunst

Übersetzung aus dem Amerikanischen: Ruth Hildegard Henrich

WEITERE BÜCHER VON RUTH HILDEGARD HENRICH

SEI ! – Texte zur Selbsttransformation

Was wenn…. – Klarheit und Antworten für Zweifler

Heilende Räume – Gesunde Lebensräume und Sanctuaries

Art e ffects – Transformative Kunst

Feen Garten – Paradise für Elfen und Feen (Kinderbuch)

Reise ins Licht   RHHenrich

Dem wichtigsten Menschen

in Deinem Leben gewidmet

DIR!

INHALTSVERZEICHNIS

WIDMUNG …………………………………………………	5
INHALTSVERZEICHNIS ……………………………………	7
EINLEITUNG ………………………………………………	8 - 9
WAS IST BETEN ? …………………………………………..	10 - 13
BETEN - WIE ……………………..…………………………	14 - 16
ZEIT – WIE LANGE DAUERT BETEN?……………………	17
ÜBER DIE GEBETE ………………………………..	19
GEBET UM HILFE ……………………………………….	21
GEBET FÜR KONZENTRATION UND FOCUS …………..	23
SCHUTZ GEBET …………………………....................	25
GEBET ZUM SCHUTZ AUF REISEN …………………..	27
GEBETE FÜR JEDEN TAG DER WOCHE ………….…..	29 - 41
BESONDERE AUFGABEN GEBET …………………….	43
GEBET FÜR HEILUNG ………………………………….	45
ANRUFUNG ZUM BEISTAND Für jeden Tag der Woche ………………………..	47-59
HEILUNG DES PLANETEN …………………………….	61
REISE INS LICHT ……………………………………….	63
SCHLUSS WORT DER ENGEL …………………………..	65 - 67
ÜBER DIE AUTHORIN …………………………………..	68 – 69
DIE ENGEL ÜBER DIE AUTHORIN	71 - 72
KUNST & KÜNSTLERIN ……………………………………..	73 - 74
DANKSAGUNG ………………………………………………	75 - 76
KUNSTWERKE / APPENDIX …………………………….	77

EINLEITUNG

Noch ein Gebetbuch. Was unterscheidet dieses von all den anderen ? Selbst habe ich mich bis vor wenigen Jahren zu dem Personenkreis gezählt, der kaum ein Gebetbuch in die Hand nahm – und der Gedanke jemals eines zu schreiben, lag mir mehr als fern!
Mein damaliges Verständnis von Beten war, "das geht keinen etwas an. Niemand – auch keine religiöse Institution - kann mir vorschreiben wie und was ich zu sagen bzw. besprechen habe mit meinem Gott / Höherer Kraft / Universeller Energie (was immer Ihre Bezeichnung dafür ist)".

Zudem gab es nagende Fragen :
"warum funktionierten Gebete für andere, aber nicht für mich?"
"gibt es Leute mit einem heissen Draht zu Gott?"
"bin ich ein schlechter Mensch, wenn meine Gebete nicht erhört werden?"
" was mache ich falsch? Was verstehe ich nicht?"
Und natürlich, wie die meisten Menschen, habe ich mich nicht getraut diese Fragen zu stellen, aus Angst als „Ungläubige, Unwissende" gebranntmarkt zu werden in meinem Dorf.

Kurz gesagt, ich dachte Beten ist einfach nichts für mich. Besonders in Zeiten in denen ich aus grosser Not heraus betete - es funktionierte einfach nicht. Natürlich nicht! Nicht nur funktionierte es nicht, zusätzlich verstärkte dann das negative Ergebnis meine Selbstzweifel und vorgenannte Fragen. Ein Zyklus ohne Ende wie es schien. Offensichtlich waren die institutionalisierten Kirchen im Recht. Man musste offensichtlich viele Jahre intensivsten Studiums der Theology investieren, um es zu verstehen. Vielleicht waren Menschen, wie ich einfach zu unwichtig und nicht Wert von Gott gehört zu werden?
Welch GROSSE Überraschung stand mir bevor.

Ein langer Weg liegt hinter mir! Bitte verstehen Sie das wörtlich und nicht nur gemessen an Zeit. Durch mein Studium, Forschungen in den Bereichen der Metaphysik, Psychologie, Anthropologie und Theologie, Gespräche mit sehr spirituellen Menschen jeglicher Glaubensrichtung und Standes in der Welt, habe ich das Thema Beten genau analysiert und erforscht. Forschung übers Beten? Sie machen wohl Witze? Keineswegs.
Ich wollte Antworten. Sie nicht?

Wenn Sie zu denjenigen gehören, deren Gebete immer beantwortet werden, legen Sie dieses Buch zur Seite – Sie brauchen es nicht. Sie haben den Schlüssel und wissen den Weg.

Sollten Sie sich jedoch zu denjenigen zählen, die neugierig sind ihren eigenen Weg zu finden, einen Weg und eine Erfahrung die Ihrem Lebensstil entsprechen und wirklich zu Ihnen passt, dann lade ich Sie ein mit diesem Buch und den darin enthaltenen Hilfsmitteln zu spielen und experimentieren.
Es wurde für die wichtigste Person in Ihrem Leben geschrieben –

SIE !

Anmerkung der Übersetzer: im Amerikanischen wird das Du und Sie nicht unterschieden. Wir haben daher die grundsätzlichen Kapitel in der allgemeinen ‚Sie' Form gehalten. Für die Gebete und Anweisungen dazu empfanden wir die persönlichere ‚Du' Form für den Leser als ansprechender.

WAS IST BETEN?

Seit meinen Teenager Tagen bin ich versiert und erfahren in den verschiedensten Arten der Meditation. Nun fand ich heraus das Beten und Meditation sehr nah bei einander lagen, wenn nicht gar das selbe sind.
Hielt ich den Schlüssel sozusagen seit jeher in der Hand, seit Kindertagen, und wusste einfach nicht wofür er war?
Was? Nein! Hat die Frau den Verstand verloren?
"Das eine hat mit dem anderen nichts gemeinsam."
"Gebete sind für religiöse Menschen. Meditation ist für solche, die an *andere Erfahrungs-Wege* glauben."
(üblicherweise irgendwo im asiatisch / exotischen Bereich angesiedelt)

Ich fand heraus, dass die traditionelle Lehre des herunter betens/ rasselns / murmelns von vorfabrizierten Gebeten in einer antiquierten Sprache und Wortversionen, kombiniert mit unserer Art Gott um Hilfe zu bitten, tatsächlich das gewünschte Ergebnis verhindern kann.

Wie? Warum?

Analysieren Sie selbst einmal **wann** Sie beten, **wie** Sie beten **was** Sie beten. *(bitte lesen Sie diesen Satz mehrmals)*. Interviews, die ich mit Menschen rund um den Globus fuehrte, zeigten Ergebnisse in dieser Hinsicht, die erstaunlich und für eher traditionel religiös orientierte Menschen schockierend sein werden.

Die Meisten von uns haben entweder niemals richtig beten gelernt bzw. vergessen *wie* man betet!
(dies schliesst sehr gläubige Menschen ein!)

Das ist der Grund warum Gebete unbeantwortet bleiben für manche und nicht für andere. Diejenigen deren Gebete ‚erhört' werden, verstehen zu Beten und haben den Schlüssel zum Beten – was wie wir sehen werden der Meditationenergie nicht nur ähnlich sondern gleich ist.

Die meisten Gebete werden von einem Standpunkt des Mangels/Aenderungswunsch addressiert. Wir haben eine bestehende Situation oder Kondition, in die wir uns hinein manövriert haben (bewusst oder unbewusst), die wir aber aendern möchten. Jedoch mangelt es uns selbst an der Kraft oder Möglichkeit. Wir beten also aus dem Gefühl der Schwäche, Mangel an Kontrolle, und fühlen wir haben alle uns verfügbaren Möglichkeiten erschöpft. Mit anderen Worten, wir fühlen uns in einer Situation, die ausserhalb unserer eigenen Kraft liegt sie zu ändern. Wir gestehen uns mit dem Beten ein: wir brauchen Hilfe.

Die Situation ist nicht mehr in unserer Hand. Und so fragen wir eine aussenstehende höhere Energie (Gott oder wie immer Sie es nennen) um ein selbstloses Wunder und Eingreifen.

Erst kreieren wir unsere Misere selbst, doch dann solls der Liebe Gott richten. Eine ziemlich unverschämte Anfrage unserseits, finden Sie nicht? Wir übergeben und bürden unsere Lebenssituation jemandem auf, wie Kinder ihren Eltern und sagen " Hier – mach das wieder gut/heil fuer mich". Warum haben wir uns selbst, unsere inneliegende Kraft einfach aus der Mathematischen Gleichung genommen?
(mehr Details zu diesem Thema im Buch SEI! von Ruth Hildegard Henrich).

Ich frage Sie "warum beten Sie nur, wenn Sie Hilfe brauchen?"
Wie wäre es mit einer ständigen Kommunikation mit Ihrem Gott (oder wie immer Sie diese Energie nennen) in Gebeten der Dankbarkeit? Oder einfach nur um Hallo zu sagen. Denn die Energie existiert zu allen Zeiten – guten und

schlechten. Gebete aus Dankbarkeit bedeuten, das Sie sich selbst und Ihre Spiritualität ernst nehmen und würdigen. Es kommt noch besser!

Sich selbst würdigen durch ein ehrliches Gebet der Dankbarkeit hebt die Vibration und Energie. Die Aura wird gestärkt. Sie gewinnen seelisch und körperlich an Kraft, bis hinab auf die wissenschaftlich nachgemessbare Zellkernebene.

Mit anderen Worten: Beten ist Gesundsheitsvorsorge!

Zurück zur Aussage: „die meisten von uns haben einfach nie gelernt zu beten oder haben es vergessen!" Wir haben gelernt Gebete zu lesen. Einige kennen sie vielleicht sogar auswändig. Wir sollten also von positiven Ergebnissen – sprich Hilfe – nur so überschwemmt werden. Doch das ist nicht der Fall.

Somit stellen sich die Fragen:

Was uebersehen wir?
Was verstehen wir nicht?
Was machen wir falsch?

Und hiermit begeben wir uns ins Gebiet der Meditation. Alles was wir der Höheren Energie liefern, das wir in unserem Gebet / Hilferuf addressieren, ist etwas undefiniertes wie z.B.
"ich will das ..... aufhört / endet / sich ändert ….." Wie würden, oder besser gesagt könnten, Sie als - sagen wir z.B. Manager - mit solch einer Aussage eines Mitarbeiters arbeiten? Genau! Es geht nicht. Denn wir (Manager) wissen ja nicht was anstatt erwartet wird.

Wir vergessen bei unserer Anfrage/Gebet schlicht das Wesentliche! Wir sagen nicht WAS es ist, das wir anstatt wollen. Woher soll Vater / Mutter Gott also wissen was wir wollen?

Schlimmer noch, wir sehen uns selbst nicht dort, wo wir statt dessen sein wollen. Wir suhlen uns in einem Gefühlszustand des miserabel, erschöpft und hilflos zu sein. Zugegeben, eine Zeit lang in diesem Gemütszustand zu sein, kann hilfreich sein, wenn wir rasch daraus lernen. In einem solchen Gefühlszustand stecken zu bleiben, führt unweigerlich zu Depression und dem Gefühl ausgeliefert, ja gänzlich hilflos zu sein, was letzendlich Therapeuten reich macht.

Hat noch niemand bemerkt, das im selben Mass in dem das Beten abnahm, die Besuche bei Psychologen und Therapeuten zunahmen?
Therapie als Ersatz fuer Glauben und unser Zwiegespraech mit Gott (Beten)?

Wenn sie Resultate wollen, muessen *Sie* Beten ernst nehmen.
Anders ausgedrückt: Ihre Gebete sind sinnlos, wenn Sie nicht gefühlsmässig das gewünschte, bzw. ersehnte Ergebnis / Resultat bereits als erreicht spüren und sich darin sehen können. Hier sind wir nun bei der Meditation.

Das ist eine straffe Behauptung. Ich werde es erklären.

BETEN - WIE

Gebete wie Meditationen sind extrem kraftvolle Hilfsmittel der Manifestation. Ihr mentaler Körper durchdringt den physischen Körper auf der Quantum Ebene. Beide vereinigen sich während einer Meditation / Gebets. Daher ist es wichtig Ihre Gedanken und Intentionen rein und klar zu halten – nach Möglichkeit über die Dauer der Meditation / des Gebets hinaus.

Dies beginnt damit uns von schädlicher, lauter und verschmutzter Umgebung fern zu halten für unser Gebet. Ein Platz an dem Lärm herrscht, der schmutzig ist, ist kein geeigneter Ort fürs Beten. Ihr Ort zum beten sollte sauber und ruhig sein, ausreichend mit frischer Luft versorgt – ohne Ablenkungen unserer Konzentration für die Dauer des Gebets.
(Mobil-Telfone etc. LASSEN sich ausschalten!).

Wenn Sie die Verstärkung Ihres Gebets wünschen, gehen Sie in eine Kirche/Synagoge/Tempel oder anderen Sakralen Ort (dies kann auch ein ehemaliger Druiden- oder anderer energiegeladener Kraftort sein). Ein solcher Ort verbindet Ihre Gebetsenergie mit der vieler anderer, die an diesem Ort mit den Höheren Energien kommuniziert haben. Orte, die von vielen Menschen über lange Zeit besucht werden, mit dem gleichen Gedanken, Gefühl, Grund und Ziel nehmen diese Energien auf. Dies trifft natürlich auch auf negative Energien zu. Seien Sie daher sehr selektiv bei der Wahl *Ihres* Gebets-Ortes.

Nein, Sie müssen nicht jedesmal in die Kirche / Synagoge / Tempel laufen, wenn Sie beten möchten. Die Natur ist eine natürliche Kirche. Sogar eine Ecke in Ihrem Geschäft, Büro (Schreibtisch), Auto, Balkon oder Fensterbrett mit einer kleinen Vase/Tasse mit frischen Kräutern, Blumen oder Gräsern, einem Stein oder Stück Baumrinde, das Sie von einem schönen

Ausflug mitbrachten, kann ihren Gebetsort zur Kommunikation mit den Höheren Energien markieren und verstärken. (gemeint ist eine harmonische Stelle, die uns freudig stimmt und uns konzentrieren laesst. Es ist kein Altar gemeint.)

Aufmerksamkeit und Konzentration sind wichtig. Wohin Sie Ihre Aufmerksamkeit richten, dahin fliesst Ihre Energie und Sie selbst werden folgen. Deshalb ist es wichtig während des Gebets sich nicht auf die bestehende Situation zu konzentrieren – denn die wollen Sie ja ändern . Konzentrieren Sie Ihr Gefühl darauf, wie Sie sich fühlen wollen/werden, wenn das Ziel bereits erreicht ist. *Fühlen Sie sich* bereits in dem Moment, in dem alles geändert / erreicht ist, wofür Sie beten. Die höheren Energien wissen dann, wie Sie sich fühlen wollen und werden alles nötige in die Wege leiten, Sie so rasch wie möglich dorthin zu bringen.

Halten Sie sich aus dem WIE heraus. Widerstehen Sie der Versuchung in Gedanken festzulegen *wie* sich die Dinge entfalten sollen. Das ist *ihr* Weg – und *der* funktionierte bekanntlich nicht ! Deshalb beten Sie ja nun für Aenderung. Halten Sie sich einfach aus dem WIE heraus und seien Sie offen für das, was auf Sie zukommt. Erlauben Sie Neues in ihr Leben und verstehen Sie das gewünschte Ergebnis als bereits existent. Erwarten Sie es einfach! (Visualisation auf Gefühlsebene – wie Sportler, die bereits den Sieg fuehlen)

Sie bitten die Höheren Energien um Hilfe, Führung und alles neu zu bereiten. Lassen Sie sie arbeiten! Auf ihre Weise (nicht *Ihre*). Sie haben die weitaus bessere Übersicht über alle Beteiligten und Situationen. Vertrauen Sie auf die Führung, die Sie dahin bringt worum Sie beten, und zwar so schnell wie möglich, was nicht gleich bedeutend ist mit dem kürzesten Weg.

Gebet bedeutet immer auch Ehren Ihrer eigenen Spiritualität und die Anerkennung ihres göttlichen Wesenskerns. Die Energien, die Sie aussenden während Ihres Gebets, kommen zu Ihnen zurück, um ein vielfaches potenziert. Dies erklärt auch warum wir mehr vom selben bekommen. Dies beinhaltet das Negative, Mangel etc. Wir bekommen mehr von dem, auf das wir uns konzentrieren. Denken Sie daran: worauf sich Ihre Energie richtet, davon bekommen Sie mehr. Sie führen es durch Ihre Gedanken sozusagen selbst herbei.

Sollten Sie zu denjenigen zählen, denen es schwerfällt zu meditieren, probieren Sie diese Gebete. Wenn es funktioniert (*und das tut es*), und Sie gelangen in jenen friedvollen, zentrierten Zustand, dann haben Sie den Schlüssel zur Meditation gefunden und auch den Punkt für ein Gebet mit Ergebnis.

Gesungene und gesprochene Mantras (Wiederholungen) funktionieren für viele Menschen. Nicht jeder ist allerdings begeistert vom Singen fremdartiger Lautfolgen (*die übrigens wissenschaftlich nachgewiesen durch Vibrations Alchemie der Harmonie auf Quantenebene wirken – wenn Sie also Mantragesang mögen, machen Sie weiter damit. Die Gebete können auch als Mantras gesungen werden.*)

Ich möchte Sie auffordern mit diesen Gebeten zu spielen.
Seien Sie kreativ und schneidern Sie sich die für Sie perfekten Gebete und Methoden, die Ihnen und Ihrem Lebensstil wie ein Handschuh passen. Sie können jederzeit Änderungen vornehmen, gemäss Ihren Bedürfnissen – wo immer Sie sind. Singen, malen, sprechen Sie die Gebete, einfach oder in vielfacher Mantra-artiger Wiederholung. Bedenken Sie jedoch das lautloses Lesen der Gebete *nicht das Ergebnis* bringt, wie ein gesprochenes Gebet. Der Ton und Klang der Worte sind ein wichtiger Bestandteil. Die jeweiligen Bilder unterstützen die Mantras und Meditationen.

ZEIT - WIE LANGE DAUERT BETEN?

Die Gebete dauern 1 – 3 Minuten. Das ist alles? Ja.
Sie können selbstverständlich die Gebete ausdehnen bis auf 10, 20 Minuten oder sinken in tiefe Meditation …. Ganz wie Ihr Tagesplan und Verfassung es zulässt, bzw. was Sie sich erlauben.

Denken Sie daran, Gebet bedeutet *immer* auch Ehrung und Anerkennung Ihrer eigenen Spiritualität und Ihres göttlichen Wesenskerns. Je länger Sie das Gefühl halten können, bereits am Ergebnis angekommen zu sein, desto schneller die Manifestation.

Für lebensverändernde Erfahrungen durch Gebete:
Nehmen Sie sich die Zeit Ihr Leben zu reflektieren, Revue passieren zu lassen. Lernen Sie erkennen, warum Sie hier sind und wohin sie gehen. Kreieren Sie einen spirituellen Plan für sich. Hören Sie auf Ihre Innere Führung. Leben und dienen Sie gemäss der Führung durch Ihren göttlichen Wesenskern.

Ich biete Seminare, Consulting und Coaching (Gruppen und Einzelsitzungen). Für Terminbuchungen kontaktieren Sie mich bitte schriftlich (Details am Anfang und Ende des Buches).

NOTIZEN

Die folgenden Gebete sind Kristalschalen, angefüllt mit Liebe, Licht und Frieden. Sie wurden mir von den Engeln und Wesenheiten der höheren Dimensionen gegeben, mit der Aufgabe sie allen Lichtwesen zu übermitteln. Diese Gebete sind nicht von mir erfunden, sie sind Hilfsmittel überreicht von den Engeln für *Deine* Transformation.

Erfrische Deinen Geist und Seele mit ihnen.
Geniesse das tiefe Gefühl des Friedens das sie bringen.
Respektiere und ehre die Hilfe, die sie bieten.
Doch vor allem, ehre Dich selbst indem Du betest
Und vertraue Deiner Inneren Führung,
die Du währenddessen erhältst.

Licht und Liebe

Ruth Hildegard Henrich

GEBET UM HILFE

Es ist irrelevant ob Sie sitzen, liegen oder stehen für dieses Gebet.
Ich bete dieses Gebet stehend,
hebe die geöffneten Arme zum Himmel (Handflächen nach oben),
und spüre die Energie, die ich empfange und in mich hinfliessen lasse.

Mutter / Vater Gott, ich danke Dir für diese Inkarnation.

Ich bitte Dich, schicke mir all die Wesen und Energien,
Resourcen, Unterstützung und Hilfe in mein Leben,
die ich brauche um mein Ziel zu erreichen
und meine Mission dieser Inkarnation zu erfüllen.

Danke!

Während des Gebets: FÜHLE die Liebe und das Licht,
wie es in Dich, in Deinen Körper hineinfliesst,
(meine Hände und Kronenchakra beginnen zu prickeln).
FÜHLE wie sich Dein Wesen mit Freude und Fröhlichkeit anfüllt.
FÜHLE wie Dein ganzer Koerper beginnt zu prickeln
von der einfliessenden Energie und Licht.

GEBET FÜR KONZENTRATION UND FOCUS

Das folgende Gebet ist eine Kombination aus gesprochenem Wort mit Arm und Handbewegungen, welche die Visualisierung der Energien unterstützen. Führen Sie die Bewegungen geschmeidig und langsam aus. Atmen Sie tief ein und aus während der Bewegungen, da es den Energiefluss stark unterstützt.

ICH BIN hier. *(beide Hände auf dem Solar Plexus /Magen Gegend)*

ICH BIN allmächtig. *(strecke Arme und Hände nach Rechts und Links)*

ICH BIN pures Licht. *(strecke Hände aufwärts, - hebe die Arme, Rechts und Links. Spüre die Energiedusche!)*

ICH BIN reine Energie. *(führe die Hände über dem Kopf zusammen – so dass sie sich fast berühren. Spüre den Energieball der sich zwischen Deinen Händen aufbaut. Halte ihn mit den Händen).*

ICH BIN hier, allmächtige Lichtenergie. *(Deine Hände führen einen grossen Kreis aus in der Luft. Spüre wie sich der Energieball nun ausdehnt und vergrössert)*

ICH BIN. ICH BIN. ICH BIN *(führe nun die Hände, wie Schöpfkellen, zu Deinem Herzen und Solarplexus und spüre wie Dich die Energie durchdringt.)*

Spüre tief hinein in dieses Gebet. Drei und mehr Wiederholungen (Mantra) sind sehr hilfreich, solange Du physisch den Energiefluss fühlst, wie er Dich durchdringt.

ICH BIN hier.
ICH BIN allmächtig.
ICH BIN pures Licht.
ICH BIN reine Energie.
ICH BIN hier, allmächtige Lichtenergie.
ICH BIN. ICH BIN. ICH BIN.

SCHUTZ GEBET

*Spreche dieses Gebet vor jeder Meditation und
vor jedem Öffnen des Aurafeldes.*

Universelle Energie, Mutter / Vater Gott,
Ich danke Dir für diese Inkarnation.

Ich rufe die aufgestiegenen Meister und Erzengel Michael
Mich zu schützen, unterstützen und zu führen
Während dieser Meditation.

Umgebt mich mit dem Weissen Reinen Licht des Schutzes.

*(visualisiere und FÜHLE wie Du von einer 5 Meter grossen weissen
Lichtkugel umgeben bist).*

GEBET ZUM SCHUTZ AUF REISEN

Universelle Energie, Mutter / Vater Gott,
Ich rufe die aufgestiegenen Meister und Erzengel Michael.

    Beschütze, Beschütze, Beschütze mich/uns.
    Wache, wache, wache über mich/uns.

    Vor und hinter mir/uns,
    links und rechts,
    über und unter mir/uns,
    wo immer ich steh und geh!

Umgebe mich/uns im Schutz des Weissen Reinen Lichts.

Visualisiere und FÜHLE Dich selbst
Inmitten eines Kocoons aus Weissem & Sanftrosa Licht (5 Meter Durchmesser)

SONNTAGS Gebet

Im Namen der allmächtigen und glorreichen Gegenwart Gottes,
Ich BIN in mir und meinem Heiligen Höchsten Selbst.
Ich rufe die aufgestiegenen Meister, Engel
Und den Gelben Lichtstrahl der Weisheit.
(visualisiere in dem Lichtstrahl zu duschen. Fülle Deine Aura und jede Zelle Deines physischen, mentalen und emotionalen Körpers mit dem Licht.)

Ich bitte Dich _____.
Lass meine Bitte gelten für alle, die in Not sind.
Es ist vollendet, jetzt in dieser Stunde, mit aller Kraft,
nach dem Willen Gottes.

MONTAGS Gebet

Im Namen der allmächtigen und glorreichen Gegenwart Gottes,
Ich BIN in mir und meinem Heiligen Höchsten Selbst.
Ich rufe die aufgestiegenen Meister, Engel
Und den Königs Blauen Strahl des Willens Gottes.
(visualisiere in dem Lichtstrahl zu duschen. Fülle Deine Aura und jede Zelle Deines physischen, mentalen und emotionalen Körpers mit dem Licht.)

Ich bitte Dich _____.
Lass meine Bitte gelten für alle, die in Not sind.
Es ist vollendet, jetzt in dieser Stunde, mit aller Kraft,
nach dem Willen Gottes.

DIENSTAGS Gebet

Im Namen der allmächtigen und glorreichen Gegenwart Gottes,
Ich BIN in mir und meinem Heiligen Höchsten Selbst.
Ich rufe die aufgestiegenen Meister, Engel
Und den Rosa Roten Strahl der Liebe.
(visualisiere in dem Lichtstrahl zu duschen. Fülle Deine Aura und jede Zelle Deines physischen, mentalen und emotionalen Körpers mit dem Licht.)

Ich bitte Dich _____.
Lass meine Bitte gelten für alle, die in Not sind.
Es ist vollendet, jetzt in dieser Stunde, mit aller Kraft,
nach dem Willen Gottes.

MITTWOCHS Gebet

Im Namen der allmächtigen und glorreichen Gegenwart Gottes,
Ich BIN in mir und meinem Heiligen Höchsten Selbst.
Ich rufe die aufgestiegenen Meister, Engel
Und den Smaragd Grünen Strahl der Heilung,
Fülle, Ausgeglichenheit und Manifestation.

(visualisiere in dem Lichtstrahl zu duschen. Fülle Deine Aura und jede Zelle Deines physischen, mentalen und emotionalen Körpers mit dem Licht.)

Ich bitte Dich _____.
Lass meine Bitte gelten für alle, die in Not sind.
Es ist vollendet, jetzt in dieser Stunde, mit aller Kraft,
nach dem Willen Gottes.

DONNERSTAGS Gebet

Im Namen der allmächtigen und glorreichen Gegenwart Gottes,
Ich BIN in mir und meinem Heiligen Höchsten Selbst.
Ich rufe die aufgestiegenen Meister, Engel
Und den Goldenen Strahl der Auferstehung.
(visualisiere in dem Lichtstrahl zu duschen. Fülle Deine Aura und jede Zelle Deines physischen, mentalen und emotionalen Körpers mit dem Licht.)

Ich bitte Dich _____.
Lass meine Bitte gelten für alle, die in Not sind.
Es ist vollendet, jetzt in dieser Stunde, mit aller Kraft,
nach dem Willen Gottes.

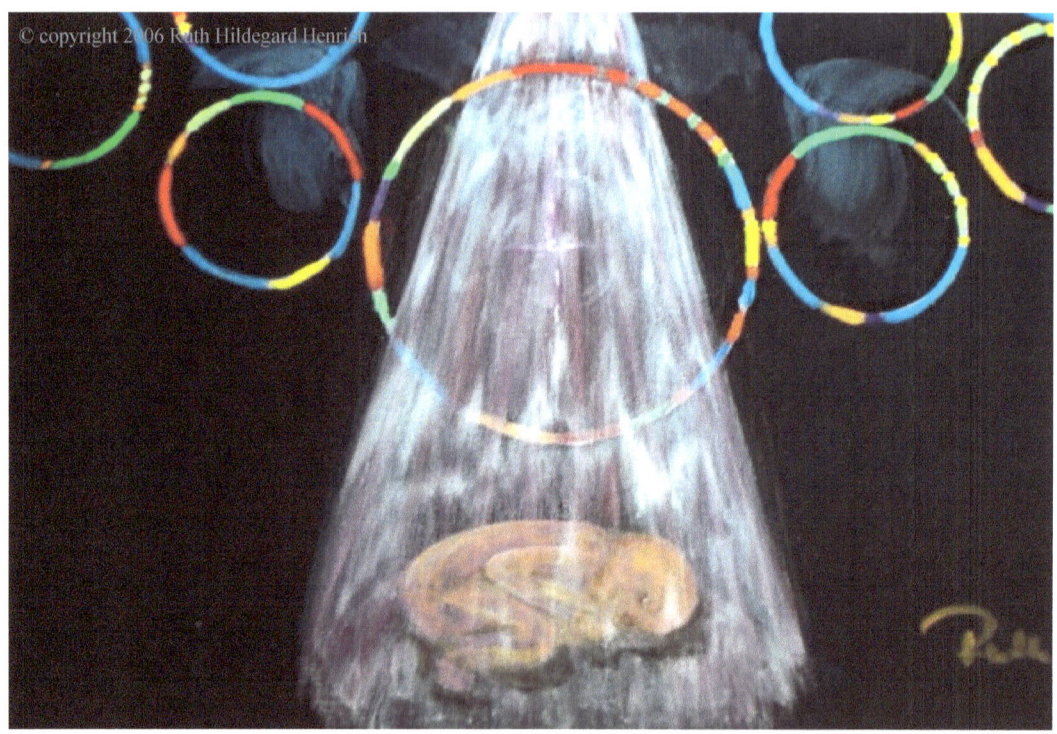

FREITAGS Gebet

Im Namen der allmächtigen und glorreichen Gegenwart Gottes,
Ich BIN in mir und meinem Heiligen Höchsten Selbst.
Ich rufe die aufgestiegenen Meister, Engel
Und den Reinen Brilliant Weissen Strahl
der Reinheit und des Aufstiegs.
(visualisiere in dem Lichtstrahl zu duschen. Fülle Deine Aura und jede Zelle Deines physischen, mentalen und emotionalen Körpers mit dem Licht.)

Ich bitte Dich _____.
Lass meine Bitte gelten für alle, die in Not sind.
Es ist vollendet, jetzt in dieser Stunde, mit aller Kraft,
nach dem Willen Gottes.

SAMSTAGS Gebet

Im Namen der allmächtigen und glorreichen Gegenwart Gottes,
Ich BIN in mir und meinem Heiligen Höchsten Selbst.
Ich rufe die aufgestiegenen Meister, Engel
Und den Violetten Strahl der Umwandlung und Freiheit.
(visualisiere in dem Lichtstrahl zu duschen. Fülle Deine Aura und jede Zelle Deines physischen, mentalen und emotionalen Körpers mit dem Licht.)

Ich bitte Dich _____.
Lass meine Bitte gelten für alle, die in Not sind.
Es ist vollendet, jetzt in dieser Stunde, mit aller Kraft,
nach dem Willen Gottes.

BESONDERE AUFGABEN
Gebet

(sage zuerst das Schutzgebet, da dieses Gebet weit öffnet)

Mutter / Vater Gott, ich danke Dir für diese Inkarnation.

Lass alle Wesenheiten und Energien heute zu mir finden,
die ich brauche, um diese Aufgabe aufs einfachste zu erledigen.

Lass sich diesen Tag in Schönheit entfalten
Und alle Energien in Harmonie fliessen.

GEBET FÜR HEILUNG

Mutter / Vater Gott, Universum,
Ich rufe die aufgestiegenen Meister, Erzengel und
Meine Innerste Führung um Hilfe.
Hülle mich in eine Diamantene Pyramide.
(visualisiere eine grosse funkelnde Pyramide
 in der Du stehst/sitzt/liegst)
Beschütze, unterstütze und
führe mich durch diese Heilung.

Geliebter St. Germain und Erzengel Michael,
ich rufe Eure Hilfe,
und die Violette Flamme der Transformation.

Violette Flamme	senk Dich herab, pulsiere durch mich.
	Such allen versteckten Schmerz,
	und verwandle meine Angst.
Violette Flamme	reinige und verwandle,
	beseitige und loese auf,
	pulsiere <u>strahlend</u> durch Herz und Verstand.
Violette Flamme	bringe Deine Energie in jede Faser und Zelle
	Meines Seins.
	Mit strahlender Liebe, Frieden und Kraft
	verwandle, verwandle, verwandle.

Mit aller Liebe. Mit allem Frieden. Mit aller Kraft.

Spüre wie die Violette Flamme durch Deine Körperzellen züngelt bis hin zum Zellkern.
Atme tief in die Bereiche die Du besonders spürst bei dieser Heilung. Wenn dies eine
allgemeine Heilung ist, fühle wo die Flammen in Dir auflodern. Gehe später noch einmal
dorthin zurück mit einer speziellen Heilung der Violetten Flamme.

ANRUFUNG ZUM BEISTAND

Diese Gebete bitten um Empfang der Energien in Deiner Aura Ebene.
Deine Energie Kanäle öffen sich weit, um das einzulassen was für Dich bereit steht.
Zur Vermeidung falscher Energien, sage immer zuerst das SCHUTZ GEBET.

SONNTAG

Vom höchsten Wesen der Gottgleichheit meines Seins,
rufe ich meine Inneren Führer und Engel.
Ich bitte um eine kraftvolle und mächtige Durchdringung
Mit Gelbem Licht,
in jeder Zelle, meines physischen, emotionalen
und all meinen feinstofflichen Körpern,
Hier und überall.

Gelbes Licht fülle meine Aura.
Hilf mir JETZT.
Hilf Deinem Lichtwesen, JETZT.
Erfülle und durchdringe mich
mit deiner Kraft, Weisheit und Liebe,
die ich brauche um diese Aufgabe zu erfüllen.
HIER und JETZT.

MONTAG

Vom höchsten Wesen der Gottgleichheit meines Seins,
rufe ich meine Inneren Führer und Engel.
Ich bitte um eine kraftvolle und mächtige Durchdringung
Mit Königs Blauem Licht,
in jeder Zelle, meines physischen, emotionalen
und all meinen feinstofflichen Körpern,
Hier und überall.

Königs Blaues Licht fülle meine Aura.
Hilf mir JETZT.
Hilf Deinem Lichtwesen, JETZT.
Erfülle und durchdringe mich
mit deiner Kraft, Weisheit und Liebe,
die ich brauche um diese Aufgabe zu erfüllen.
HIER und JETZT.

DIENSTAG

Vom höchsten Wesen der Gottgleichheit meines Seins,
rufe ich meine Inneren Führer und Engel.
Ich bitte um eine kraftvolle und mächtige Durchdringung
Mit Rosa Rotem Licht,
in jeder Zelle, meines physischen, emotionalen
und all meinen feinstofflichen Körpern,
Hier und überall.

Rosa Rotes Licht fülle meine Aura.
Hilf mir JETZT.
Hilf Deinem Lichtwesen, JETZT.
Erfülle und durchdringe mich
mit deiner Kraft, Weisheit und Liebe,
die ich brauche um diese Aufgabe zu erfüllen.
HIER und JETZT.

Reise ins Licht   RHHenrich

MITTWOCH

Vom höchsten Wesen der Gottgleichheit meines Seins,
rufe ich meine Inneren Führer und Engel.
Ich bitte um eine kraftvolle und mächtige Durchdringung
Mit Smaragd Grünem Licht,
in jeder Zelle, meines physischen, emotionalen
und all meinen feinstofflichen Körpern,
Hier und überall.

Smaragd Grünes Licht fülle meine Aura.
Hilf mir JETZT.
Hilf Deinem Lichtwesen, JETZT.
Erfülle und durchdringe mich
mit deiner Kraft, Weisheit und Liebe,
die ich brauche um diese Aufgabe zu erfüllen.
HIER und JETZT.

DONNERSTAG

Vom höchsten Wesen der Gottgleichheit meines Seins,
rufe ich meine Inneren Führer und Engel.
Ich bitte um eine kraftvolle und mächtige Durchdringung
Mit Goldenes Licht,
in jeder Zelle, meines physischen, emotionalen
und all meinen feinstofflichen Körpern,
Hier und überall.

Goldenes Licht fülle meine Aura.
Hilf mir JETZT.
Hilf Deinem Lichtwesen, JETZT.
Erfülle und durchdringe mich
mit deiner Kraft, Weisheit und Liebe,
die ich brauche um diese Aufgabe zu erfüllen.
HIER und JETZT.

FREITAG

Vom höchsten Wesen der Gottgleichheit meines Seins,
rufe ich meine Inneren Führer und Engel.
Ich bitte um eine kraftvolle und mächtige Durchdringung
Mit Weissem Licht,
in jeder Zelle, meines physischen, emotionalen
und all meinen feinstofflichen Körpern,
Hier und überall.

Weisses Licht fülle meine Aura.
Hilf mir JETZT.
Hilf Deinem Lichtwesen, JETZT.
Erfülle und durchdringe mich
mit deiner Kraft, Weisheit und Liebe,
die ich brauche um diese Aufgabe zu erfüllen.
HIER und JETZT.

Reise ins Licht   RHHenrich

SAMSTAG

Vom höchsten Wesen der Gottgleichheit meines Seins,
rufe ich meine Inneren Führer und Engel.
Ich bitte um eine kraftvolle und mächtige Durchdringung
Mit Violettem Licht,
in jeder Zelle, meines physischen, emotionalen
und all meinen feinstofflichen Körpern,
Hier und überall.

Violettes Licht fülle meine Aura.
Hilf mir JETZT.
Hilf Deinem Lichtwesen, JETZT.
Erfülle und durchdringe mich
mit deiner Kraft, Weisheit und Liebe,
die ich brauche um diese Aufgabe zu erfüllen.
HIER und JETZT.

HEILUNG DES PLANETEN

Mutter / Vater Gott ich danke Dir für diese Inkarnation
und sende meine Heilkräfte rund um diesen Planeten,
damit er Heilung erfährt, sich reinigt,
und seine Vibration und Puls-Frequenz erhöht.

(sende diese Heilung ausgehend von Deiner rechten Hand rund um den Globus und spüre wie die Energie in Deiner linken Hand wieder ankommt.)

Ich BIN die Kraft, uneingeschränkte, unverbrauchbare Energie.
Ich BIN hier um meine Bestimmung
mit brennendem Herzen zu erfüllen.
Ich FORDERE von meinem Höchsten Selbst
Einen gleichmässigen Zufluss an Kraft, Weisheit und Liebe,
die ich rund um den Planeten sende,
um Mutter Erde, und alle Lichtwesen
auf und in ihr zu unterstützen.

Wir sind Eins, Wir sind Eins, Wir sind Eins.

Dieses Gebet kann Bestandteil Deiner Meditations Routine werden.

REISE INS LICHT

Ich bin das Licht des Herzens,
und leuchte im Dunkel des Seins,
hülle alles ins Goldene Licht
der ewigen Flamme der Schöpfung.

Ich bin das Licht der Liebe.
Meine Liebe in die Welt reflektierend
lösche ich alle Fehler
und reisse bestehende Barrieren nieder.

Ich bin die Kraft der Unendlichen Liebe,
multipliziere diese Liebe vielfach,
bis sie siegreich ist, ohne Ende.

SCHLUSS WORT
DER ENGEL

Geliebte Lichtwesen, wir segnen Euch, bleibt fest auf Eure Ziele gerichtet.
Ruft uns, Eure Inneren Führer und Engel.
Wir sehen und verstehen Eure Nöte.
Vertraut darein dass wir daran arbeiten die Umstände herbeizuführen, die ihr braucht um erfolgreich zu sein. Wir schicken Euch die notwendige Hilfe, Wesen und Resourcen. Alles was ihr tun müsst, ist sie in Euer Leben zu lassen und offen zu sein für Veränderung.
Erwartet es. Fürchtet Euch nicht, und fallt nicht der Angst anheim.
Ihr seid sicher und beschützt wo immer ihr seid.
Sorgt Euch nicht um Eure Lieben.
Sie erfüllen und gehen ihren eigenen Weg, den wir Euch bitten zu respektieren.

Seid bereit für die Veränderungen.
Aufwärts führt Euer gemeinsamer Weg.
Ihr seid hier für etwas Grandioses.

Wir danken Euch unser Kanal zu sein
durch den wir die zukünftigen Lehrer unterrichten werden.

Wir verabschieden uns nun.

Liebe und unser Segen an Euch alle !

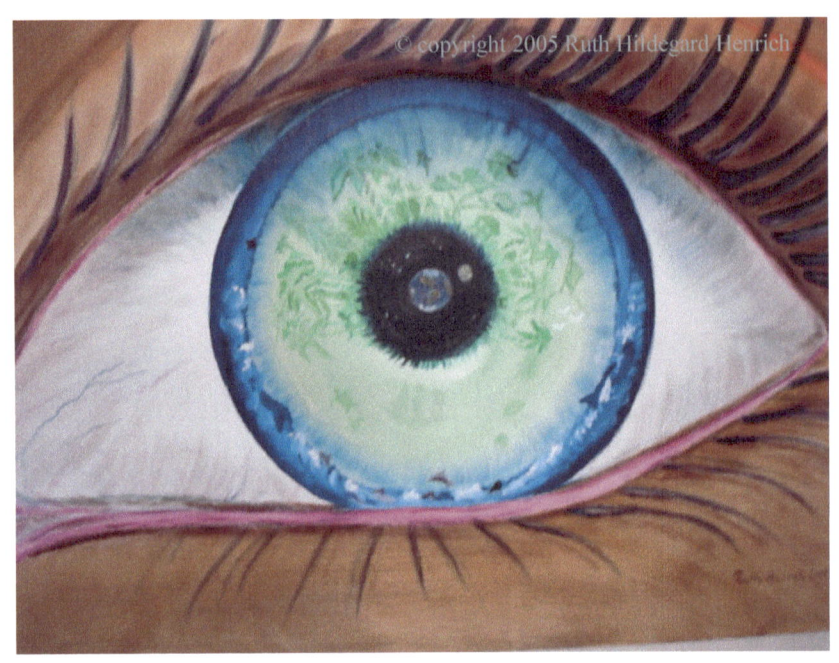

Ishataya ijatya
Illah illameh, illah illamuh

Santonam hibu set ante igula hasinat em
Washanaja isat julom
Istjanium estene halojatiah

Ishana katawah esinet
Eli hudujah esinet havet

Illalah illah eshatam

Salutat!

Anmerkung: dies ist der Versuch Lichtsprache in uns verstaendlichen Zeichen niederzuschreiben. Fuer die korrekte Aussprache wird eine Audio Datei auf www.RuthHenrichGroup.com bereitgestellt.

ÜBER DIE AUTHORIN

Ruth Hildegard Henrich, geboren und aufgewachsen in Deutschland, in ihrer Wahlheimat Kalifornien lebend, besitzt seit ihrer Kindheit die Anlage Auras, Energien und andere Dimensionen zu sehen. Ausgestattet mit vielen naturgegeben Talenten hat sie zwei Jahrzehnte lang eine sehr erfolgreiche Karriere im internationalen Finanz- und Softwaremanagement in Europa und U.S.A. beschritten, bevor sie begann - nach einer tiefen spirituellen Erfahrung - ihre wahre Berufung als Malerin, Heilerin, Authorin und Lebenscoach nachzugehen und ihre Erfahrungen zu veröffentlichen.

Sie coached und unterrichtet u.a. mit den Methoden NLP, EIP und Quantum Physik. Desweiteren fliessen ihre langjährigen Erfahrungen in Energie Heilungen als Reiki Meisterin, Aroma-, Edelstein- und Farbtherapeutin in all ihre Arbeit mit ein. Sie gibt Gruppen Analysen und arbeitet als Management und Executive Coach, wobei sie ihre Arbeit auf viele Reisen um die Welt fuehrt.

Die Zeit zum malen ihrer Visionen findet sie bei Nacht. Es ist eine Kraft, die sie antreibt und nicht ruhen lässt, bis die Vision auf Leinwand gebannt ist.

Seit 2001 channeled Ruth Hildegard Henrich eine Gruppe von aufgestiegenen Meistern und Engeln, unter ihnen Hildegard von Bingen, Maria Magdalena, Eleanor, Nefertari, Atlantische Wissenschaftler, Lemurische Wesenheiten und Engel .... die Gruppengrösse variiert und liegt derzeit bei 165 Wesenheiten, die sich selbst als Gruppe ‚Ashantara' nennen. Das erste Buch der Information für die Menscheit, das diese Gruppe diktierte ist 2008 erschienen unter dem Titel BE! ISBN Nr. 978-0-615-26077-8.
Die Deutsche Übersetzung wird unter dem Titel SEI! erhältlich sein.
(näheres unter: www.RuthHenrichGroup.com)

Als spirituelle Sucherin der Wahrheit führt Ruth Hildegard Henrich spirituelle Reisen für Interressierte durch. Diese einmaligen und tiefen Reise/Lebens-Erfahrungen sind wie folgt verfügbar:

1) In den Fusspuren Maria Magdalena's – eine Reise in das andere Süd-Frankreich, mit Einblicken in die Geschichte der Catharer und Templer;

2) Die Merowinger – eine Reise durch Belgien, Luxenburg, Deutschland und Frankreich

3) Die Nibelungen – eine historisch romantische Rhein-Tal Erfahrung.

Ähnliche Reisen nach England, Italien und Aegypten sind buchbar und werden jeweils auf speziellen Wuensche der Reisenden zugeschnitten.

DIE ENGEL
ÜBER DIE AUTHORIN

Die folgende Information wurde mir im Dezember 2007 von meinen Inneren Geistwesen, Engeln und Führern durchgegeben, völlig unerwartet während einer Reise.

> Du bist diejenige, die von weither kommt,
> die Wasser überquerend,
> mit guten Neuigkeiten,
> und der Fähigkeit Widerstand aufzubrechen.
>
> Du bist diejenige, die der Menschheit und der Welt
> verhüllte Wahrheiten offenbar werden lässt.
> Du lässt sie die Illusion durchschaun.
>
> Du bist diejenige, die Fortschritt und Glück bringt.
> Du bist diejenige, die die Notwendigkeit für
> Transformation des Selbst bringt.
>
> Du bist diejenige, die Information bringt
> Die grosse Veränderung bewirkt.
> Du bist von uns gesandt.
>
> Du bist unsere Botschafterin des Lichts.

Es hat sechs Monate gedauert bevor ich in der Lage war über diese Nachricht zu sprechen. Darin enthalten ist so vieles, das ich selbst erst verdauen und verarbeiten musste. Endlich machen all die Puzzle Teile der vielen Studien in meinem Leben Sinn und fügen sich harmonisch ineinander zu einem verständlichen Gesamtbild.

Der obigen Nachricht voraus gingen intensive Gebete um die Entschlüsselung meiner Aufgabe und den Sinn meines hier seins, in dieser Inkarnation. Und so gebe ich die channeled Gebete weiter. Mögen Sie Dir helfen, so wie sie mir helfen und geholfen haben.

Weitere spirituelle Bücher und Schriften zur Publikation sind derzeit in Arbeit. Sie stammen aus der gleichen Quelle (Ashantara).

Licht und Liebe

Ruth Hildegard Henrich

Botschafterin des Lichts

KUNST & KÜNSTLERIN

Sämtliche gezeigte Kunstwerke, inklusive Einband, sind original Gemälde und Wand Skulpturen von Ruth Hildegard Henrich, und sind international Copyright geschützt. Duplikation, Fotokopien und jegliche andere Art der Reproduktion (inklusive digitaler u.a. Art), und das ungenehmigte, unlizensierte Ausstellen, Abdrucken und Verkaufen von Kopien dieser Kunstwerke ist gesetzlich verboten und wird strafrechtlich verfolgt. Gemälde inklusive Reproduktionsrechte können direkt von der Künstlerin käuflich erworben werden.

Ruth Hildegard Henrich ist eine Autodidaktin, die seit ihrem sechsten Lebensjahr malt (Öl, Aquarel, Acryl, Tusche, Kohle und Bleistift). Im Alter von 15 Jahren wurde ihr ein Stipendium der Royal Porcelain Vles, Delft, Holland angeboten zum Studium der Kunst an der königlichen Universität Amsterdam. Auch wenn sie beruflich gezwungen war zunaechst einen anderen Weg zu beschreiten, hat sie niemals aufgehört ihre Visionen zu malen und setzt diesen Weg, ihrer Berufung folgend, seit 2005 professionell fort.

Die in diesem Buch gezeigten Kunstwerke, sind ausschliesslich Nachts entstanden aus Visionen und Channeled Informationen. Sie beinhalten kodierte Engel Informationen, die der Menschheit helfen im bevorstehenden Prozess des Aufstiegs in die höheren Dimensionen. Die Engel, die ihre visuelle Information an Ruth Hildegard Henrich gegeben haben, liessen sie nicht eher ruhen bis jedes Gemaelde vollständig in der Essenz fertiggestellt war.

Die Bedeutungen der meisten Kunstwerke sind der Künstlerin selbst verschlossen und werden vom jeweiligen Betrachter entschlüsselt. Die Engel haben ausdrücklich bestimmt, das die visuellen Darstellungen von vielen Menschen gesehen werden sollen, da die darin enthaltenen Kodierungen das spirituelle Erwachen auslösen (awakenings).

Die meisten der dargestellten Objekte sind holographischer Natur, teilweise durchsichtig und beschreiben, sich wiederholende Bewegungen. Die von ihnen ausgehende Energie ist dabei sehr wichtig. Die Kunstwerke geben zu 95% identisch wieder was der Künstlerin von den Engeln gezeigt wurde. Um die Alchemie und energetischen Frequenzen in die Dritte Dimension und dann die Zwei Dimensionalität der Bildform zu übersetzen, hat die Künstlerin besondere Effekte, Farben, Essenzen und Mineralien verwendet, die diese Bewegungen und Frequenzen am besten wiedergeben, transportieren und feinstofflich ausstrahlen.

Nach mehrfachen Versuchen ihre Kunstwerke und Wandskulpturen in den renommierten und konservativen Gallerien in Carmel-by-the-Sea, Kalifornien, U.S.A. auszustellen, hat die Künstlerin beschlossen ihre Kunstwerke einer breiteren Gruppe durch die Veröffentlichung in ihren Büchern zugänglich zu machen.

DANKSAGUNG !

Dies ist das Erste Buch einer Serie von Fünf Büchern an denen simultan gearbeitet wurde. Viele Stunden gingen dahin in Korrekturlesen, Fotografieren, Layout Gestaltung, Übersetzungen usw.
Meine tiefempfundene Dankbarkeit geht vor allem an all meine nachsichtigen Freunde, die ich nicht so oft treffen konnte, wie ich es gerne getan hätte. Die Notwendigkeit und das Verlangen diese Information in die Welt zu bringen war grösser als Durst, Hunger und Schlaf (meine Katzen haben die Details).

Grossen Dank schulde ich meiner Familie in Deutschland, die meinen spirituellen Weg nicht wesentlich behindert hat und dem Druck der dortigen Kirche nicht nachgab. Besonders dankbar bin ich für die wundervolle Unterstützung und den Beistand all meiner Freunde (alt und neu, fern und nah – in alphabetischer Reihenfolge):

U.S.A.: Catheryn Bachman, Candy Hough, Debra Hopper, Emy Ledbetter, Florence Fretti, Ixchel Leigh, Jeffrey Herbig, Juergen Tooren, Lauris Austin, Dr. Linda Bittner, Lisa Deas, Mary Jane Taylor, Morgan Marr, Nassime, Nancy Erfan, Renati Mannan

Deutschland: Dagmar Gollers, Dr.Freiherr Dinnies von der Osten, Jutta Draeger, Sita Freeman

Aegypten: Nahed Salama u.v.a.

Frankreich: Patricia Pont (Paris) und Michel (Britannischer Druide)

Peru und Mexico: Pilar Podesta u.v.a.

und besonders Fred & Chloe Henrich.

Alle haben mir in mannigfacher Weise geholfen... durch Assistenz in den Nachforschungen, Finden von Informationen, Flugbuchungen und Reiseplanung, ein Laecheln und aufmunternde Worte wenn ich es dringend brauchte... Heraus-Katapultieren aus ernsten Verlags Frustrationen, Hilfe beim Umzug (3 mal in zwei Jahren! Visionäre und Künstler können nicht überall wohnen...), mich in ihr Haus aufnehmend wenn Not am Mann war, es nicht persönlich nehmend wenn mir mal das Temperament durchging, es nicht übel zu nehmen das ich nicht genügend Zeit für sie hatte UND vor allem sich liebend um Fred & Chloe zu kümmern, während meiner vielen Auslands Reisen.

Wisst das ich Euch alle liebe und für immer dankbar bin für diese wunderbare Art der Unterstützung. Ihr seid wahre Freunde !

Licht und Liebe

Ruth

APPENDIX A - KUNSTWERKE

Transformational Light – Point Lobos, Carmel, CA	Einband
Sunset	3
Prayer	4
Phoenix	6
Love & Light	20
Shastainia	22
Core of Being	24
Spread your wings	26
Traveling the Light	28
On the path of Light	30
Island of eternal Love	32
Ascended Masters	34
Waves of Love	36
Manifesting human Incarnation	38
Coming In	40
Dancing Shiva	42
Transformation in Light	44
Cleansing by the Violet Flame	46
Blue Light	48
Pink/Golden Heart	50
Draco collapsing	52
Know	54
Rainbow circle at night	56
Transformational Light – Point Lobos	58
Mruhn Aht	60
Into the Light	62
Dolphins rescue Mother Earth	64
The Eye of I	66
Atlantean	70

Kunstwerke sind nicht in Original Groesse abgedruckt.
Kunstdrucke und Kopien zu bestellen in Groessen   12" x 16";   17" X 19" ;   18" x 24",   36" x 24" (inches)
Alle Rahmen massgefertigt, von Hand geschnitzt, vergoldet bzw. gebeizt, geoelt, und poliert in exakter Farbharmonie mit den Original Farben der Kunstwerke.
Alle Pass Partous aus durchgefaerbtem Wildleder, handverlesen und ausgesucht von der Kuenstlerin selbst.
Schriftlicher Kontakt fuer Preisanfragen und moegliche Rahmungen passend zu ihrem Interieur.
Originale stehen teilweise zum Verkauf – Preise beginnen bei US Dollar 4,000.-, bitte kontaktieren sie die Kuenstlerin oder deren Agenten direkt.

Poster. online unter www.RuthHenrichGroup.com

NOTIZEN

NOTIZEN

www.ingramcontent.com/pod-product-compliance
Lightning Source LLC
Chambersburg PA
CBHW041832300426
44111CB00002B/62